이웃을 초대할까?

이웃을 초대할까?

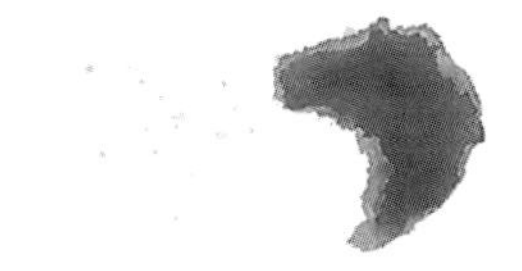

강성남·노영혜·문미정 엮음

해암

| 머리말 |

안단테 칸타빌레!

느리게, 걸음걸이의 빠르기로, 노래 부르듯.

한시는 역시 산책이다. 시간을 들여 천천히 걷는다. 그 속에 음악이 있다. 영혼을 건드리는 노래가 있다. 이 노래의 결은 곱고 그 여백은 섬세하다.

한시의 매력이다.

의외인가, 드라마틱하기 이루 말할 수 없다.

극적이며 인상적이다. 호기심을 불러일으킨다.

한시의, 또 하나의 매력이다.

입가에 눈가에 미소가 번진다.

물소리 새소리 바람소리를 듣는다. 바람에 실려 온 만발한 꽃향기를 맡고, 하늘을 구름을 멀리 산을 바라본다. 해질 무렵, 새들이 짝하여 돌아오는 풍경을 본다.

둥두렷 바다달이 떴고, 잔성이 눈처럼 떨어지는 새벽길을 나선다. 생각에 잠겨 길을 걷고, 길을 묻고, 하늘끝에 서있는 나그네를 만난다.
때맞춰 반가운 비가 내리고, 눈 올 것 같은 날씨, 한잔하지 않을 수 없다. 이웃을 초대할까 친구에게 달려갈까. 눈밭에 편지를 쓴다. 절절한 그리움.

5년 동안, 한시읽기의 즐거움에 푹 빠져 지냈나보다.
그 중에 짙은 울림을 주는 작품을 고르니 63수가 되었다.
景경, 情정, 諷풍, 休휴 4부로 나누고 한 권으로 엮는다.

이 책을 통해, 독자들도 한시의 매력에 공감한다면 기쁠 것이다. 더하여 자연을, 사람을, 삶을 더 사랑하게 된다면 하이파이브!

| 차례 |

景, 사계

情, 한없는

諷, 가을꿈

休, 소소음

漢詩 63수 / 강성남·노영혜·문미정 엮음

景, 사계

春夜喜雨 춘야희우

杜甫(唐)

好雨知時節　　호우지시절
當春乃發生　　당춘내발생
隨風潛入夜　　수풍잠입야
潤物細無聲　　윤물세무성
野徑雲俱黑　　야경운구흑
江船火獨明　　강선화독명
曉看紅濕處　　효간홍습처
花重錦官城　　화중금관성

봄밤에 비

두보

반가운 비가 때를 아는 듯
봄이 되자 이내 내리네
이 밤에 바람 따라 몰래 들어와
소리도 없이 촉촉이 만물을 적시네
들길은 구름 드리워져 어둑어둑하고
강에 뜬 배, 등불이 홀로 밝다
새벽녘, 붉게 젖은 곳 바라보니
꽃들에 겹겹이 싸인 금관성이어라!

失題 실제

李後白(朝鮮)

細雨迷歸路　　세우미귀로
騎驢十里風　　기려십리풍
野梅隨處發　　야매수처발
魂斷暗香中　　혼단암향중

매화 십 리 길

이후백

가랑비는 귀로에 흐릿 뿌리고

나귀 탄 십 리 길 바람이 부네

들매화가 가는 곳마다 만발했으니

그윽한 향기 속에 넋을 잃었네

幽興 유흥

黃五(朝鮮)

吾家一白犬　　오가일백견
見客不知吠　　견객부지폐
紅桃花下宿　　홍도화하숙
花落犬鬚在　　화락견수재

개수염에 꽃 걸렸네

황오

우리집 흰둥이 개

손님을 봐도 짖을 줄 모르네

붉은 복사꽃 아래 잠을 자더니

개수염에 꽃 걸렸네

田家雜興 전가잡흥

韓章錫(朝鮮)

西舍麥蒭香　　서사맥추향

靑尨隨午饁　　청방수오엽

悠揚野菜花　　유양야채화

無數飛黃蝶　　무수비황접

농가의 흥취

한장석

서쪽 집 향긋한 보리내음
낮참을 따라오는 삽살개
아스라이 들판 가득 유채꽃
무수히 날으는 노랑나비

偶吟 우음

梁彭孫(朝鮮)

不識騎牛好	불식기우호
今因無馬知	금인무마지
夕陽芳草路	석양방초로
春日共遲遲	춘일공지지

봄날도 간다

양팽손

소 타는 즐거움 몰랐는데

말이 없고 보니 이제야 알겠구나

해질녘, 향기로운 풀밭 길을

봄날도 함께 더디더디 가는구나

喜晴 희청

范成大(南宋)

窓間梅熟落蒂　　창간매숙락체
牆下筍成出林　　장하순성출림
連雨不知春去　　연우부지춘거
一晴方覺夏深　　일청방각하심

활짝 갠 날

범성대

창가의 매실 익어 뚝뚝 떨어지고

담 아래 죽순 돋아 쑥쑥 자라누나

연일 내리는 비에 봄 가는 줄 모르다가

활짝 개이자 어느덧 여름

有感 유감

李用休(朝鮮)

松林穿盡路三丫　　송림천진로삼아

立馬坡邊訪李家　　입마파변방이가

田夫擧鋤東北指　　전부거서동북지

鵲巢村裏露榴花　　작소촌리노류화

느낌

이용휴

솔숲을 지나니 길이 세 갈래
언덕가 말 세우고 이씨집을 묻네
농부는 호미 들어 동북쪽을 가리키며
까치집 있는 마을 석류꽃 핀 집이라네

入若耶溪 입약야계

王籍(梁)

蟬噪林逾靜　　선조림유정

鳥鳴山更幽　　조명산갱유

약야계곡

왕적

매미 소리 요란하니 숲은 더욱 고요하고

새가 우니 산은 더욱 그윽하다

摺疊扇銘 접첩선명

丁若鏞(朝鮮)

盈盈者氣	영영자기
動之則爲風	동지즉위풍
有動之之才而卷而懷之	유동지지재이권이회지
寂然而風在其中	적연이풍재기중

부채에 새기다

정약용

가득가득 차 있는 것은 공기
그것을 움직이면 바람이 되지
움직일 재주 가졌으되
접은 채 간직하고 있으니
고요한 그 속에
바람을 품고 있구나

蟬殼 선각

黃五(朝鮮)

寒蟬曉脫去　　한선효탈거
殼在青山中　　각재청산중
樵童摘歸視　　초동적귀시
天下生秋風　　천하생추풍

매미 허물

황오

쓰르라미 새벽에 선탈했는지
그 허물 청산 속에 남겨두었네
초동이 주워 온 걸 바라봤더니
온 세상에 가을 바람 일어나더라

卽事 즉사

李山海(朝鮮)

晩潮初長沒汀洲　　만조초장몰정주
島嶼微茫霧未收　　도서미망무미수
白雨滿船歸棹急　　백우만선귀도급
數村門掩豆花秋　　수촌문엄두화추

콩꽃 핀 가을날

이산해

저녁조수 밀려들어 백사장은 잠겼는데
섬들은 아스라이 안개 속에 숨어있네
소낙비 배에 가득 노젓기 바빠지고
마을마다 문 닫아건 콩꽃 핀 가을날

飮酒 음주

陶淵明(東晋)

結廬在人境　　결려재인경
而無車馬喧　　이무거마훤
問君何能爾　　문군하능이
心遠地自偏　　심원지자편
採菊東籬下　　채국동리하
悠然見南山　　유연견남산
山氣日夕佳　　산기일석가
飛鳥相與還　　비조상여환
此中有眞意　　차중유진의
欲辨已忘言　　욕변이망언

국화를 따다가

도연명

마을에 초막을 지었건만
수레와 말발굽 시끄러운 소리 없다
어떻게 그럴 수 있느냐 물으면
마음 멀어지니 땅도 절로 외지다 하리
동쪽 울타리 아래 국화를 따다가
유연히 남산이 시야에 들어오네
산 기운은 저녁 어스름에 곱고
날던 새들 짝하여 돌아오누나
이 가운데 참뜻이 있나니
말하고자 하나 이미 할 말을 잊었네

招東鄰 초동린

白居易(唐)

小榼二升酒　　소합이승주

新簟六尺牀　　신점육척상

能來夜話否　　능래야화부

池畔欲秋涼　　지반욕추량

이웃을 초대하며

백거이

자그마한 통에 담긴
두 되의 술
새 삿자리 깔아놓은
여섯 자의 평상
오셔서 밤새 이야기 나누지 않겠소?
선선해지는 가을
연못가에서

古詩 고시

丁若鏞(朝鮮)

友欲月下飮　　우욕월하음
勿放今夜月　　물방금야월
若復待來日　　약부대내일
浮雲起溟渤　　부운기명발
若復待來日　　약부대내일
圓光已虧缺　　원광이휴결

달구경

정약용

벗이여 달빛 아래 술 마시려면
오늘 밤 저 달을 놓치지 말게
만약 다시 내일을 기다린다면
뜬구름이 바다에서 일어날 걸세
만약 다시 내일을 기다린다면
둥근 달빛 하마 이지러지리

訪金居士野居 방김거사야거

鄭道傳(高麗～朝鮮)

秋陰漠漠四山空　　추음막막사산공
落葉無聲滿地紅　　낙엽무성만지홍
立馬溪橋問歸路　　입마계교문귀로
不知身在畵圖中　　부지신재화도중

김거사를 찾아서

정도전

가을구름 아득하고 온 산은 고요한데
낙엽은 소리 없이 온 땅을 물들였네
냇가 다리에 말 세우고 돌아갈 길 묻는데
알지 못하였구나, 내가 그림 속에 있음을

商山早行 상산조행

溫庭筠(唐)

晨起動征鐸　　신기동정탁
客行悲故鄕　　객행비고향
鷄聲茅店月　　계성모점월
人蹟板橋霜　　인적판교상
槲葉落山路　　곡엽락산로
枳花明驛牆　　지화명역장
因思杜陵夢　　인사두릉몽
鳧雁滿回塘　　부안만회당

상산의 새벽길

온정균

새벽을 울리는 말의 종소리
나그네 길 떠나며 고향 그린다
닭 우는 소리, 주막집 달빛
서리 내린 다리, 인적
떡갈나무 잎은 산길에 떨어지고
탱자꽃은 담장에 환하게 피었다
장안에서 지낸 날 생각나누나
들오리떼 호수에 가득했었지

問劉十九 문유십구

白居易(唐)

綠螘新醅酒　　녹의신배주
紅泥小火爐　　홍니소화로
晩來天欲雪　　만래천욕설
能飮一杯無　　능음일배무

눈 오는 날의 초대장

백거이

술이 익어 보글보글 끓어 오르고
화롯불은 빨갛게 피어 오르네
저물녘, 눈 올 것 같은 날씨
한잔하지 않을 수 있겠는가?

曉雪偶吟 효설우음

李植(朝鮮)

凍水鳴何細　　동수명하세
深宵靜不風　　심소정불풍
忽聞山木響　　홀문산목향
知是雪花濛　　지시설화몽
卷幔窓全白　　권만창전백
開爐火失紅　　개로화실홍
會看晴旭動　　회간청욱동
千嶂玉朧朧　　천장옥롱롱

눈 내린 새벽

이식

얼음 밑 물소리 가늘게 들리는
바람 없는 깊은 밤
문득, 툭 툭 가지 꺾이는 소리
펑펑 눈이 내린 것을 알 수 있었네
휘장을 걷으니 창은 온통 하얀빛
화로엔 빨간 불씨마저 꺼져있네
날이 개고 아침 해 솟아오르면
천 개의 산, 옥빛으로 영롱하리

雪中訪友人不遇 설중방우인불우

李奎報(高麗)

雪色白於紙　　설색백어지
舉鞭書姓字　　거편서성자
莫敎風掃地　　막교풍소지
好待主人至　　호대주인지

눈밭에 쓴 편지

이규보

눈빛이 종이보다 새하얗기에

채찍 들어 이름 석자 써두고 가니

바람아 부디 눈 쓸지 말고

주인이 돌아오길 기다려다오

野雪 야설

李亮淵(朝鮮)

穿雪野中去　　천설야중거

不須胡亂行　　불수호란행

今朝我行跡　　금조아행적

遂作後人程　　수작후인정

눈 길

이양연

눈을 뚫고 들판길을 가노니
어찌 함부로 어지러이 걷겠는가
오늘 아침 내가 걸어간 발자국
뒷사람이 밟고 갈 길이 되리니

曉出東郭 효출동곽

高時彦(朝鮮)

曉嶂尙依微　　효장상의미
林風吹烈烈　　임풍취렬렬
馬嘶臨寒流　　마시림한류
殘星落如雪　　잔성락여설

새벽, 동곽을 나서다

고시언

새벽산은 아직도 어렴풋하고
숲 속 바람은 매섭게 불어엔다
차가운 냇가에 이르러 말은 우짖고
남아있던 별 눈처럼 떨어진다

漢詩 63수 / 강성남·노영혜·문미정 엮음

情, 한없는

戀慕詩 연모시

無名氏(高麗)

馬上誰家白面生　　마상수가백면생
邇來三月不知名　　이래삼월부지명
如今始識金台鉉　　여금시식김태현
細眼長眉暗入情　　세안장미암입정

누구실까?

무명씨

하얀 얼굴의 말 탄 도령, 누구실까?

석 달이 되도록 이름도 몰랐지

이제야 알았네, 그 이름 바로 김태현!

가는 눈 긴 눈썹, 남몰래 사랑한다네

短歌行 단가행

曹操(魏)

青青子衿　　청청자금
悠悠我心　　유유아심
但爲君故　　단위군고
沈吟至今　　침음지금

푸르고 푸른

조조

푸르고 푸른 그대의 옷깃이여
아득하고 아득한 나의 그리움이로다
나는 오직 그대 때문에
지금까지 생각에 잠겨 있었네

尋胡隱君 심호은군

高啓(元~明)

渡水復渡水　　도수부도수

看花還看花　　간화환간화

春風江上路　　춘풍강상로

不覺到君家　　불각도군가

호은자를 찾아서

고계

물을 건너고 또 건너

꽃을 보고 또 보네

강길에 봄바람 불어오니

어느새 그대의 집에 다다랐네

次韻和美庸弟 차운화미용제

丁若銓(朝鮮)

尙愛南來路　　상애남래로

引到栗亭叉　　인도율정차

十日雙髦馬　　십일쌍모마

眞成一蕚花　　진성일악화

미용 아우에게

정약전

남쪽으로 오던 길 아직도 사랑하는 것은
율정의 갈래길로 이어지기 때문이네
갈기 늘어진 말, 함께 타고 열흘 올 때에
우리는 참으로 한 송이 꽃이었지

寄贈小石山房 기증소석산방

朴齊家(朝鮮)

爲君設一想　　위군설일상

令君狂欲顚　　영군광욕전

乘君不意際　　승군불의제

直入君門前　　직입군문전

상상

박제가

자넬 위해 한 가지 상상을 했지

아마 미쳐 놀라 자빠질 거야

자네가 생각지도 못할 틈 타서

자네 집 문 앞으로 돌진하는 일

稚子 치자

丁若鏞(朝鮮)

稚子美顔色　　치자미안색
陰晴了不憂　　음청료불우
草暄奔似犢　　초훤분사독
果熟掛如猴　　과숙괘여후
岸屋流蓬矢　　안옥류봉시
溪坳汎芥舟　　계요범개주
紛紛維世者　　분분유세자
堪與爾同遊　　감여이동유

어린 아들

정약용

얼굴도 잘 생긴 어린 내 아들
흐리거나 맑거나 걱정이 없네
풀밭이 따스하면 송아지처럼 내빼고
과일이 익으면 원숭이인 양 매달리네
언덕배기 지붕에서 쑥대화살 날리고
시냇가 웅덩이에 풀잎배를 띄우네
어지럽게 세상에 매인 자들아
어떻게 너희들과 함께 놀겠나!

八至 팔지

李冶(唐)

至近至遠東西　　지근지원동서

至深至淺淸溪　　지심지천청계

至高至明日月　　지고지명일월

至親至疏夫妻　　지친지소부처

지극히

이야

지극히 가깝고도 먼 동과 서

지극히 깊고도 얕은 시냇물

지극히 높고도 밝은 해와 달

지극히 친하고도 소원한 부부

遊子吟 유자음

孟郊(唐)

慈母手中線　　자모수중선
遊子身上衣　　유자신상의
臨行密密縫　　임행밀밀봉
意恐遲遲歸　　의공지지귀
唯言寸草心　　수언촌초심
報得三春暉　　보득삼춘휘

길을 떠나며

맹교

자애로운 어머니 손에 든 실
길 떠나는 자식의 몸에 걸칠 옷
떠나기 전 촘촘히 꿰매 주시며
돌아올 날 늦어질까 걱정하시네
누가 말하는가
여린풀 같은 마음으로
봄햇살 같은 어머니 은혜에
보답할 수 있다고

唐棣 당체

『時經』

唐棣之華　　당체지화

偏其反而　　편기반이

豈不爾思　　기불이사

室是遠而　　실시원이

앵두나무

『시경』

앵두나무 꽃이여

바람에 나부끼네

어찌 그대가 그립지 않으랴만

집이 너무도 멀구나

聞蟬感懷 문선감회

賈島(唐)

新蟬忽發最高枝　　신선홀발최고지
不覺立聽無限時　　불각립청무한시
正遇友人來告別　　정우우인래고별
一心分作兩般悲　　일심분작양반비

매미가 운다

가도

문득
새 매미가 운다
가장 높은 가지

우두커니 서서
듣는다
무한한 시간

친구가 와서 작별을 알린다

한마음 나뉘어 생긴
두 가지 슬픔

送友 송우

何應臨(朝鮮)

草草西郊別　　초초서교별
秋風酒一杯　　추풍주일배
青山人不見　　청산인불견
斜日獨歸來　　사일독귀래

서교의 이별

하응림

허둥지둥 헤어진 서교의 이별

가을 바람에 술 한 잔

청산엔 님 보이지 않고

석양에 홀로 돌아오네

層詩 층시

金雲楚(朝鮮)

別 별
思 사
路遠 노원
信遲 신지
念在彼 염재피
身有玆 신유현

[…]

충시

김운초

헤어지니
그립구나
길은 멀고
소식은 늦네
마음은 거기 있고
몸은 여기 머무니

[…]

江陵愁望 강릉수망

魚玄機(唐)

憶君心似西江水　　억군심사서강수
日夜東流無歇時　　일야동류무헐시

강릉에서

어현기

그대 그리는 내 마음 서쪽 강물 같아

밤낮으로 동쪽으로 흘러 그칠 때가 없네

寄君實 기군실

李婷(朝鮮)

旅館殘燈曉　　여관잔등효
孤城細雨秋　　고성세우추
思君意不盡　　사군의부진
千里大江流　　천리대강류

한없는 그대 생각

이정

여관, 가물대는 등불, 새벽녘

외로운 성, 가랑비, 가을

한없는 그대 생각

천 리 흐르는 큰 강물

長相思 장상사

李白(唐)

長相思	장상사
在長安	재장안
絡緯秋啼金井闌	낙위추제금정란
微霜凄凄簟色寒	미상처처점색한
孤燈不明思欲絕	고등불명사욕절
卷帷望月空長嘆	권유망월공장탄
美人如花隔雲端	미인여화격운단
上有青冥之長天	상유청명지장천
下有淥水之波瀾	하유녹수지파란
天長路遠魂飛苦	천장로원혼비고
夢魂不到關山難	몽혼부도관산난
長相思	장상사
摧心肝	최심간

잊을 수 없는 사람

이백

잊을 수 없는 사람
장안에 있다

가을날 귀뚜라미 우물가 난간에서 울고
차가운 무서리에 삿자리도 싸늘하다
침침한 등불 아래 그리움 사무쳐
휘장 걷고 달 보며 허공에 탄식한다

꽃처럼 예쁜 사람 구름 너머 있고
고개 들면 아득히 푸른, 긴 긴 하늘
발 아랜 깊은 물, 넘실대는 파도
하늘 높고 길은 멀어 혼도 날아가지 못해
꿈속에도 못 갈 만큼 첩첩산이 험난하다

잊을 수 없는 사람
가슴이 무너진다

天淨沙 천정사

馬致遠(元)

枯藤老樹昏鴉　　고등노수혼아

小橋流水人家　　소교류수인가

古道西風瘦馬　　고도서풍수마

夕陽西下　　석양서하

斷腸人在天涯　　단장인재천애

천정사

마치원

마른덩굴, 고목나무, 저녁까마귀

작은다리, 시냇물, 초가집 한 채

옛 길, 가을바람, 여윈 말 타고

석양은 지는데

애끊는 나그네, 하늘 끝에 서 있다

釵頭鳳 채두봉

唐婉(南宋)

世情薄 人情惡	세정박 인정악
雨送黃昏花易落	우송황혼화이락
曉風乾 淚痕殘	효풍건 루흔잔
欲箋心事 獨語斜欄	욕전심사 독어사란
難 難 難	난 난 난
人成各 今非昨	인성각 금비작
病魂常似鞦韆索	병혼상사추천삭
角聲寒 夜闌珊	각성한 야란산
怕人尋問 咽淚裝歡	파인심문 연루장환
瞞 瞞 瞞	만 만 만

육유에게

당완

세상의 정 야박하고
인정은 모질어
빗속에 황혼 보내니 꽃은 쉬이 떨어진다
새벽바람 말라도
눈물자국 남아있다
편지로 심사 전하고 싶지만
난간에 기대어 혼잣말만 할 뿐
어렵구나, 어려워, 어려워!

너와 나 남이 되었고
이제는 예전과 달라
병든 영혼은 늘 그네줄처럼 흔들린다
뿔피리 소리 차갑고
밤도 끝나간다
누군가 까닭을 물을까봐
눈물 삼키고 웃음 지을 뿐
거짓이야, 거짓, 거짓!

漢詩 63수 / 강성남·노영혜·문미정 엮음

諷, 가을꿈

途中避雨有感 도중피우유감

李穀(朝鮮)

甲第當街蔭綠槐　　갑제당가음록괴
高門應爲子孫開　　고문응위자손개
年來易主無車馬　　연래역주무거마
唯有行人避雨來　　유유행인피우래

비를 피하며

이곡

회화나무 그늘 드리운 길가의 저 큰 집
떵떵거릴 자손 위해 문도 높였지
주인 바뀐 지 여러 해, 찾는 이 없고
오직 지나가던 행인만이 비 피하러 오네

開城人逐客詩 개성인축객시

金炳淵(朝鮮)

邑號開城何閉門	읍호개성하폐문
山名松嶽豈無薪	산명송악기무신
黃昏逐客非人事	황혼축객비인사
禮儀東方子獨秦	예의동방자독진

고을이름 개성인데

김병연(김삿갓)

고을이름 개성인데 왜 문은 닫으며

산이름 송악인데 어찌 땔나무가 없다는가

황혼에 손 쫓는 것 사람도리 아니거늘

동방예의지국에서 너홀로 진시황이냐

世事熊熊思 세사웅웅사

金炳淵(朝鮮)

世事熊熊思　　세사웅웅사
人皆弓弓去　　인개궁궁거
我心蜂蜂戰　　아심봉봉전
我獨矢矢來　　아독시시래
言雖草草出　　언수초초출
世事竹竹爲　　세사죽죽위
心則花花守　　심즉화화수
前路松松開　　전로송송개

세상일 곰곰

김병연(김삿갓)

세상일 곰곰 생각해보니
남들은 모두 활활가는데
내마음 벌벌 떨기만하며
나홀로 살살 오가는구나
말들은 비록 풀풀뱉지만
세상일 데데하기 그지없구나
마음을 꼿꼿이 지킨다면은
앞길이 솔솔 열려지리라

滄浪歌 창랑가

屈原(楚)

滄浪之水淸兮	창랑지수청혜
可以濯吾纓	가이탁오영
滄浪之水濁兮	창랑지수탁혜
可以濯吾足	가이탁오족

창랑의 노래

굴원

맑구나 창랑의 물이여
내 갓끈을 씻으리
탁하도다 창랑의 물이여
내 발을 씻으리

無題詩 무제시

王梵志(唐)

梵志翻着襪　　범지번착말
人皆道足錯　　인개도족착
乍可刺你眼　　사가자니안
不可隱我脚　　불가은아각

버선을 뒤집어

왕범지

버선을 뒤집어 신으니
잘못 신었다고 야단들이군
잠깐 그대 눈에 거슬릴지 몰라도
내 발을 가려주지야 못하겠나

代鶴 대학

白居易(唐)

我本海上鶴　　아본해상학
偶逢江南客　　우봉강남객
感君一顧恩　　감군일고은
同來洛陽陌　　동래낙양맥
洛陽寡族類　　낙양과족류
皎皎唯兩翼　　교교유양익
貌是天與高　　모시천여고
色非日浴白　　색비일욕백
主人誠可戀　　주인성가련
其奈軒庭窄　　기나헌정착
飮啄雜鷄群　　음탁잡계군
年深損標格　　연심손표격
故鄕渺何處　　고향묘하처
雲水重重隔　　운수중중격
誰念深籠中　　수념심롱중
七換摩天翮　　칠환마천핵

학을 대신하여

백거이

나는 본래 바다를 날던 학이었거늘
우연히 강남에서 나그네를 만나
나를 불러준 은혜에 감격하여
함께 낙양의 거리로 왔네
낙양에는 나와 동류가 드물어
교교히 두 날개만 가졌을 뿐
모습은 하늘같이 고고한데
몸은 햇빛을 받지 않아 희기만 했지
주인은 참으로 어여삐 여겨 주었으나
집과 뜰이 좁은 것을 어찌하리오
먹고 쪼이며 닭의 무리들에 섞여 살다가
늙어서 품격만 떨어졌네
고향은 아득한 어느 곳인가
구름과 물로 겹겹이 막히었네
누가 생각했으랴, 깊숙한 조롱 속에서
하늘 나는 날개깃털 일곱 번이나 바뀔 것을

絕句 절구

趙仁壁(朝鮮)

蝶翅勳名薄　　접시훈명박
龍腦富貴輕　　용뇌부귀경
萬事驚秋夢　　만사경추몽
東窓海月明　　동창해월명

가을꿈

조인벽

공훈 세워 이름남은 나비날개요
부귀는 가벼웁기 용뇌향 같다
세상만사 가을꿈에 놀라 깨보니
동창엔 바다달이 둥두렷하다

望月 망월

宋翼弼(朝鮮)

未圓常恨就圓遲　　미원상한취원지
圓後如何易就虧　　원후여하이취휴
三十夜中圓一夜　　삼십야중원일야
百年心事總如斯　　백년심사총여사

달을 보다

송익필

보름달 되기 전엔 더디게도 차오더니

둥근 뒤엔 어이해 저리 쉬 이우는가

서른밤 중 둥근 것은 단 하룻밤

백년 인생 마음 일도 이와 같구나

人生到處知何似 인생도처지하사

蘇軾(北宋)

人生到處知何似　　인생도처지하사
應似飛鴻踏雪泥　　응사비홍답설니
雪上偶然留指爪　　설상우연유지조
鴻飛那復計東西　　홍비나부계동서
老僧已死成新塔　　노승이사성신탑
壞壁無有見舊題　　괴벽무유견구제
往日岐嶇還記否　　왕일기구환기부
路長人困蹇驢嘶　　노장인곤건려시

사람이 산다는 것

소식

사람이 산다는 것, 글쎄 뭐라 할까?
날으는 기러기, 눈진창 밟는 것과 같으리
우연히 눈 위에 발톱자국 남기지만
기러기 날아오르면 그 향방 어찌 따지랴
노승은 이미 죽어 새 탑이 세워지고
벽은 허물어져 옛 글귀 찾을 수 없네
지난 날, 힘들었던 산길 기억하는가
길은 멀고 사람 지치고 노새 울어대던

夜如何 야여하

金時習(朝鮮)

夜如何其夜未央	야여하기야미앙
繁星燦爛生光芒	번성찬란생광망
深山幽邃杳冥冥	심산유수묘명명
嗟君何以留此鄕	차군하이유차향
前有虎豹後豺狼	전유호표후시랑
況乃鵩鳥飛止傍	황내복조비지방
人生百歲貴適意	인생백세귀적의
君胡爲乎獨遑遑	군호위호독황황
我欲爲君彈古琴	아욕위군탄고금
古琴疏越徒悲傷	고금소월도비상
我欲爲君舞長劍	아욕위군무장검
劍歌慷慨令斷腸	검가강개령단장
嗟嗟先生何以慰	차차선생하이위
奈此三冬更漏長	내차삼동갱루장

밤이 얼마나 되었나

김시습

밤이 얼마나 되었나
아직 절반도 안 되었네
무수한 별들은 찬란히 빛을 발하건만
깊은 산 아득한 골짜기, 어둡기만 하다
아, 그대는 어찌하여 이 고을에 머무는가
앞은 호랑이와 표범, 뒤는 승냥이와 이리
하물며 이내 산올빼미 날아와 곁에 앉는 곳
인생 백 년, 뜻대로 되기 어려운데
그대 어이하여 홀로 허둥대는가
나 그대 위해 오래된 거문고를 연주하려 하나
거문고 소리 늘어져 슬픔만 더할 뿐
나 그대 위해 장검으로 칼춤을 추려 하나
칼노래 강개하여 애간장만 끊으리
아아 선생이여, 무엇으로 위로할까
이 삼동 긴긴 밤을 어이한단 말인가

定情歌 정정가

沈翼雲(朝鮮)

一波纔過一波生　　일파재과일파생
夜靜無風浪始平　　야정무풍랑시평
慾界河沙淘不盡　　욕계하사도부진
箇中難得十分淸　　개중난득십분청

파랑주의보

심익운

한 물결 겨우 지나자 또 한 물결
밤이 되고 바람 그치자 비로소 잔잔하다
사람욕심, 물가의 모래 일 듯 끝없어
그 속에서 온전히 맑기란 참으로 어렵구나

井水 정수

金允安(朝鮮)

井水雖千尋　　정수수천심
千尋猶可汲　　천심유가급
人心雖一寸　　인심수일촌
一寸難可測　　일촌난가측
淸氷委泥塵　　청빙위니진
一洗還淸潔　　일세환청결
惡鐵經大冶　　악철경대야
千磨終缺折　　천마종결절

우물물

김윤안

우물물은 천 길
천 길이라도 퍼올리고
사람 마음은 한 치
한 치라도 알기 참 어렵다
고드름은 진흙에 버려져도
한 번 씻자 도로 깨끗해지는데
나쁜 쇳덩이는 큰 대장장이가 벼리나
천 번을 연마해도 끝내 부서진다

絶句 절구

杜甫(唐)

鑿井交椶葉　　착정교종엽
開渠斷竹根　　개거단죽근
扁舟輕裊纜　　편주경요람
小徑曲通村　　소경곡통촌

우물을 파니

두보

우물을 파니 종려나무 잎이 얽히고
도랑을 뚫으니 대뿌리가 끊기네
조각배는 가벼워 닻줄 흔들리고
오솔길은 굽어 마을로 통하네

題德山溪亭柱 제덕산계정주

曹植(朝鮮)

請看千石鐘　　청간천석종

非大扣無聲　　비대구무성

爭似頭流山　　쟁사두류산

天鳴猶不鳴　　천명유불명

천왕봉

조식

바라노니, 저 천석의 큰 종을 보시게
크게 치지 않으면 소리가 없다네
어찌하면 저 두류산처럼 될 수 있을까
하늘이 울어도 오히려 울지 않는

題西林壁 제서림벽

蘇軾(北宋)

橫看成嶺側成峰　　횡간성령측성봉
遠近高低各不同　　원근고저각부동
不識廬山眞面目　　불식여산진면목
只緣身在此山中　　지연신재차산중

여산의 참모습

소식

가로로 보면 고개, 세로로 보면 봉우리

원근 고저에 따라 모습이 제각각

여산의 참모습을 알 수 없는 건

단지 내가 이 산 속에 있기 때문이지

漢詩 63수 / 강성남·노영혜·문미정 엮음

休, 소소음

蕭蕭吟 소소음

張桂香(朝鮮)

窓外雨蕭蕭　　창외우소소
蕭蕭聲自然　　소소성자연
我聞自然聲　　아문자연성
我心亦自然　　아심역자연

소소음

장계향

창밖에 비 소소소

소소소 소리 자연스러워라

자연의 그 소리 듣고 있으니

내 마음도 저절로 자연스러워지네

泛舟 범주

朱熹(宋)

昨夜江邊春水生　　작야강변춘수생
艨艟巨艦一毛輕　　몽동거함일모경
向來枉費推移力　　향래왕비추이력
此日中流自在行　　차일중류자재행

배를 띄움

주희

어젯밤 강가에 봄물이 불어나니

군함같은 큰 배가 깃털처럼 가볍구나

지난번 그 배를 옮기려 무던히도 애썼더니

오늘은 강 가운데로 저절로 떠가누나

與守初 여수초

李恒福(朝鮮)

常願身爲萬斛舟　　상원신위만곡주
中間寬處起柁樓　　중간관처기타루
時來濟盡東南客　　시래제진동남객
日暮無心穩泛遊　　일모무심온범유

배가 되어

이항복

나는 항상 소망하지
곡식 만 섬을 싣는 배가 되었으면
배 안 넓은 곳에
다락을 세웠으면 하고

동으로 남으로 가는 나그네를
때가 되면 모두 건네주고
해질녘에는 무심히
두둥실 노닐었으면 하고

問舟子 문주자

孟浩然(唐)

向夕問舟子　　향석문주자

前程復幾多　　전정부기다

灣頭正好泊　　만두정호박

淮裏足風波　　회리족풍파

사공에게 묻다

맹호연

저녁 무렵 사공에게 물어본다
앞길은 또 얼마나 남았소?
항만에 정박하는 것이 좋겠습니다
회수의 바람이 세차고 파도가 험합니다

舟遲 주지

朴準源(朝鮮)

舟疾儘爲快　　주질진위쾌

舟遲亦云好　　주지역운호

青山久不去　　청산구불거

使我忘煩惱　　사아망번뇌

더디 가면

박준원

빨리 가면 좋겠지

더디 가도 좋다네

푸른 산 오래도록 떠나지 않아

내 번뇌를 잊게 하네

歸去來辭 귀거래사

陶淵明(東晉)

歸去來兮	귀거래혜
田園將蕪胡不歸	전원장무호불귀
旣自以心爲形役	기자이심위형역
奚惆悵而獨悲	해추창이독비
悟已往之不諫	오이왕지불간
知來者之可追	지래자지가추
實迷塗其未遠	실미도기미원
覺今是而昨非	각금시이작비

돌아가리

도연명

이제 나 돌아가리
두고 온 문전옥답 거칠어지려니
어찌 돌아가지 않으랴
지금껏 내 마음 스스로 육신에 매어두었거니
어찌 실의에 잠겨 홀로 슬퍼만 하리
지난 일 탓해야 소용없으니
이제는 옳은 길 따라가야지
길 잃고 헤맨 것 그리 오래지 않았으니
지금이 옳고 지난날이 틀렸음을 깨달았구나!

送別 송별

王維(唐)

下馬飮君酒　　하마음군주
問君何所之　　문군하소지
君言不得意　　군언부득의
歸臥南山陲　　귀와남산수
但去莫復聞　　단거막복문
白雲無盡時　　백운무진시

송별

왕유

말에서 내려 한 잔 하시게
그런데 어디로 가는가?
뜻을 이루지 못해
종남산 근처로 돌아가 은거하려오
그렇다면 가시게, 더 이상 묻지 않겠네
흰구름 한없이 흘러가겠지

千雲萬水閒 천운만수한

寒山(唐)

千雲萬水閒　　천운만수한
中有一閑士　　중유일한사
白日遊青山　　백일유청산
夜歸巖下睡　　야귀암하수
倏爾過春秋　　숙이과춘추
寂然無塵累　　적연무진루
快哉何所依　　쾌재하소의
靜若秋江水　　정약추강수

구름도 많아라

한산

구름도 많아라 물소리도 맑아라
그 가운데 한가한 선비 있어
낮에는 청산에서 노닐고
밤에는 바위 아래 돌아와 자네
바뀌는 세월 흘러가게 둔 채
고요하고 그윽해 번거로움 없네
아아 상쾌하다 의지할 곳 없으니
고요하기가 가을물 같네

贈林大雅 증림대아

蓮潭有一(朝鮮)

我亦忘君君亦忘　　아역망군군역망
悠然相對兩相忘　　유연상대양상망
忘中亦有難忘了　　망중역유난망료
此物忘時是大忘　　차물망시시대망

잊음, 대아에게

연담유일

나 또한 그댈 잊고 그대 또한 날 잊으니
유유히 그렇게 서로를 잊었네
잊은 중에 또한 잊기 어려운 것 있으니
이것마저 잊어야만 크게 잊은 것이라네

山氣 산기

許穆(朝鮮)

陽阿春氣早　　양아춘기조

山鳥自相親　　산조자상친

物我兩忘處　　물아양망처

始覺百獸馴　　시각백수순

산기운

허목

볕 잘드는 언덕에 봄기운 이른데
산새들은 스스로 서로 친하네
남과 나를 모두 잊어버린 자리
비로소 모든 짐승이 순해짐을 깨닫네

이웃을 초대할까?

인쇄일 2020년 2월 12일
발행일 2020년 2월 20일

엮은이 강성남, 노영혜, 문미정
펴낸이 박철수
펴낸곳 도서출판 해암

등록번호 제325-2001-000007호
주소 부산시 중구 백산길 17 삼성빌딩 702호
전화 051)254-2260, 2261
팩스 051)246-1895
메일 haeambook@daum.net

ISBN 978-89-6649-180-3 03810

값 12,000원

*이 도서의 국립중앙도서관 출판예정도서목록(CIP)은 서지정보유통지원시스템 홈페이지(http://seoji.nl.go.kr)와 국가자료공동목록시스템(http://www.nl.go.kr/kolisnet)에서 이용하실 수 있습니다. (CIP제어번호 : CIP2020005334)